Thich Nhat Hanh

Das Leben berühren

HERDER / SPEKTRUM
Band 4729

Das Buch

Ausatmen und Einatmen, das ist der Grundrhythmus des Lebens. Aufatmen ist wie ein Ankommen bei sich selbst. Thich Nhat Hanh lädt ein, sich bewußt auf diese Erfahrung einzulassen. So gelingt es, gelassen einfach dazusein und in Kontakt zu kommen mit seinem Körper und mit seinen eigenen Gefühlen, mit dem Geist und mit der Welt um uns. Kurze Meditationen von großer Dichte – ausgehend vom Sutra der Vier Grundlagen der Achtsamkeit und dem Sutra des bewußten Atmens – sowie ausdrucksstarke Schwarzweiß-Fotos nehmen den Leser mit, führen hin zu tieferer Begegnung mit sich selbst und zur Erkenntnis der gegenseitigen Verbundenheit. Eine inspirierende Reise – über die Brücke des Atems.

Der Autor

Thich Nhat Hanh, geb. 1926, vietnamesischer Mönch und Zenmeister, Mystiker, Poet und Friedenskämpfer, ist weltweit einer der bekanntesten Vermittler eines modernen, lebensnahen Buddhismus. Der Autor von über 30 Büchern reist weltweit, um die „Kunst des achtsamen Lebens" zu lehren. Er lebt im südfranzösischen Plum Village. Bei Herder/Spektrum u.a.: Schritte der Achtsamkeit. Eine Reise an den Ursprung des Buddhismus (Band 4720); Nenne mich bei meinen wahren Namen (Band 4579); Schlüssel zum Zen (Band 4570); Zeiten der Achtsamkeit (Band 4492); im Hardcover: Das Herz von Buddhas Lehre. Leiden verwandeln – die Praxis des glücklichen Lebens.

Die Herausgeberin

Monika Lamberts-Hengster ist Schriftleiterin der Zeitschrift „InterSein", Zeitschrift der Gemeinschaften und Freunde Thich Nhat Hanhs im deutschsprachigen Raum.

Die Fotografin

Ursula Zeidler-Dumanski, Bildjournalistin und Fotografin, lebt in München.

Thich Nhat Hanh

Das Leben berühren

Atmen und sich selbst begegnen

Übertragen und herausgegeben
von Monika Lamberts-Hengster

Mit 50 Fotos von Ursula Zeidler-Dumanski

Nachwort von Amoghavajra Karl Schmied

Herder
Freiburg · Basel · Wien

Die Fotos auf den Seiten 34, 44, 68, 94, 118, 132
stammen von Fritz Dumanski

Gedruckt auf umweltfreundlichem,
chlorfrei gebleichtem Papier

Originalausgabe

Satz: DTP-Studio Helmut Quilitz, Denzlingen
Herstellung: Freiburger Graphische Betriebe 1999
Umschlaggestaltung: Joseph Pölzelbauer
Umschlagfoto: Tony Stone
Autorenfoto: Thomas Lüchinger
ISBN 3-451-04729-2

Inhalt

Vorwort

Das Leben berühren – anfassen, erfühlen, begreifen – wer will das nicht? Brauchen wir dafür etwa eine Anleitung?

Als Kinder haben wir alles angefaßt, um die Welt zu begreifen. Wir waren neugierig, mutig und offen für das, was uns begegnete, und hatten keine Scheu vor Berührungen. Da waren der Sand im Sandkasten, die Sonne auf der Haut und das weiche Fell einer Katze. Aber es gab auch heiße Herdplatten, bissige Hunde und viel zerbrochenes Glas. Jetzt sind wir vorsichtig geworden und bleiben lieber auf der sicheren Seite. Von dort betrachten wir uns im Spiegel, auf Fotos oder in Videos. Dem Leben begegnen wir virtuell. Aber unsere Sehnsucht nach etwas Echtem und Lebendigem bleibt.

Manchmal scheint es zum Greifen nahe – nur wir haben inzwischen vergessen, wie wir es wirklich berühren könnten.

Berühren ist mehr als bloß anschauen. Berührung ist immer Begegnung. Und Begegnung heißt, etwas oder jemandem zu begegnen, vielleicht auch sich selbst.

Wer sich auf das Abenteuer einer Berührung einläßt, weiß vorher nicht, was ihm dabei passieren wird. Berührung ist niemals einseitig. Wer etwas anrührt, wird davon im gleichen Augenblick selbst berührt. Vielleicht haben wir verlernt oder noch nie richtig verstanden, wie wir etwas berühren können, ohne es dabei zu zerstören oder uns zu verletzen.

Wir können eine sichere Methode dafür sehr gut gebrauchen. Die Anleitung, die hier vorgestellt wird, ist alt und bewährt. Es ist eine Methode, sich über die Brücke unseres Atems in vielen kleinen Schritten dem Leben innerhalb und außerhalb von uns anzunähern. Sie kann uns ein Reiseführer und eine Wanderkarte sein für den Weg durch das schöne und schwierige Gebiet der Berührung mit uns und dem Leben.

Thich Nhat Hanh, bekannter vietnamesischer Lehrer der buddhistischen Meditation, ist Autor vieler Bücher über die Kunst, einen bewußten, aufmerksamen, sanften und liebevollen Umgang mit uns selbst und unserem Leben zu entwickeln.

Er hat zwei grundlegende frühbuddhistische Lehrreden, das Sutra des bewußten Atmens (Anapanasati-Sutra) und das Sutra der Vier Grundlagen der Achtsamkeit (Satipatthana-Sutra), in einer Reihe von Vorträgen, gehalten in seinem spirituellen Zentrum Plum Village in Frankreich, miteinander verbunden.

Beide Lehrreden basieren direkt auf den Anleitungen, die der historische Buddha vor etwa 2500 Jahren für die Praxis der Berührung des Lebens, also der Meditation über die Welt in uns und um uns, gegeben hat. Sie zeigen uns, wie dies zu Zeiten des Buddha praktiziert worden ist. Wenn wir sie mit Eindrücken aus unserem heutigen Leben, hier den Bildern der Münchner Fotojournalistin Ursula Zeidler-Dumanski, verbinden und uns dadurch zu eigener Übung anleiten lassen, werden wir erkennen, wie aktuell, nachvollziehbar und hilfreich sie immer noch sind.

Im Sutra des bewußten Atmens werden sechzehn Übungen angeboten. Es wird jeweils ein Objekt der Betrachtung mit dem Atem verbunden. Das erste dieser Objekte ist der Atem selbst. Da wir ihn lebenslang immer bei uns haben und er in unmittelbarer Wechselwirkung mit unserem Körper und Geist steht, bietet er sich geradezu von selbst an.

Grundlage unserer Praxis ist, sich zunächst in Konzentration zu üben. Sich konzentrieren bedeutet, seine volle Aufmerksamkeit auf eine Sache zu richten. Das klingt leichter, als es ist. Der Geist muß zur Ruhe kommen. Er soll aber gleichzeitig wach, klar und gesammelt bleiben.

Wer jemals versucht hat, seine Aufmerksamkeit auch nur für kurze Zeit auf eine einzige Sache zu konzentrieren, weiß, wie leicht sie sich immer wieder zerstreut, herumirrt und von einem Thema zum nächsten springt. Wenn wir nicht die Fähigkeit zur Konzentration entwickeln, werden wir keine guten Beobachter sein und die Welt nicht so sehen, wie sie ist. Je zerstreuter, abgelenkter und unachtsamer wir sind, um so stärker wird unsere Tendenz, die Dinge so zu sehen, wie wir sie sehen möchten, so, wie wir es gewohnt sind, sie zu sehen, oder so, wie andere wollen, daß wir sie sehen. Wir halten uns dann zwar nicht mit Absicht die Augen zu oder setzen eine rosarote bis rabenschwarze Brille auf, aber wir sind im Zustand der Fehlsichtigkeit gefangen. Daß wir dabei ins Stolpern kommen, die Treppe hinunterfallen, in die Irre gehen, uns und andere anstoßen und verletzen können, aber auch eine ganze Menge Lichtblicke versäumen, wird uns erst bewußt, wenn wir anhalten und die Augen öffnen.

Wie sollen wir etwas berühren oder jemandem begegnen können, wenn wir nicht in der Lage sind, die Welt und uns selbst wirklich zu sehen?

Im Sutra über die Vier Grundlagen der Achtsamkeit werden die vier Bereiche erläutert, auf die wir unsere Aufmerksamkeit richten sollen. Der erste Bereich ist unser Körper. Wir wollen unseren physischen Zustand und die Bestandteile betrachten, aus denen er besteht. Der zweite Bereich der Achtsamkeit, die Gefühle, steht mit ihm in enger Wechselwirkung. Noch weiter wird das Feld der Beobachtung, wenn alle Arten von Geisteszuständen und

Geistesbewegungen einbezogen sind. Die Betrachtung der Gefühle und geistigen Formationen erfordert schon eine gute Konzentration und wird zunehmend schwieriger, je stärker und einnehmender das jeweilige Gefühl ist. Aufmerksam den Zustand der Wut zu beobachten, während wir einen Wutanfall haben, oder unsere Angst in einer Paniksituation ist eine sehr schwierige Übung. Aber Thich Nhat Hanh ermutigt uns. Wenn wir uns zumindest bewußt werden, daß wir außer uns geraten, also unachtsam sind, dann ist dies schon der erste Schritt zur Achtsamkeit.

Mit dem vierten Bereich, dem unserer Wahrnehmungen, die auch als Objekte des Geistes bezeichnet werden, haben wir nun das Gebiet der Betrachtung unendlich weit ausgedehnt. Aber erst, wenn wir wirklich konzentriert auch nur eine der Erscheinungen innerhalb oder außerhalb von uns verstehen lernen, beginnen wir, auch uns und alle anderen Bereiche zu erkennen. Alle vier Bereiche gehören nämlich gleichermaßen zum Bereich der Welt unserer Wahrnehmungen, so wie auch wir, die Betrachter dieser Welt selbst.

Warum sollen wir den Körper „im" Körper oder den Geist „im" Geist betrachten, wie es in der Anleitung heißt?

Diese Ausdrucksweise ist keine geheimnisvolle Formel. Alles, was wir ansehen und was uns erscheint, auch unsere Achtsamkeit selbst bilden zusammen die Welt unserer Wahrnehmungen. Eine Beobachtung der Objekte unseres Geistes außerhalb dieser Welt ist überhaupt nicht möglich. Betrachter und Betrachtetes sind immer gegenseitig voneinander abhängig. Beide sind Subjekt und Objekt zugleich. Auch dieser Tatsache können wir uns während der Beobachtung bewußt werden.

Nun ist es aber überhaupt nicht notwendig, Buddhist zu sein, um sich mit den Bildern, Atemübungen und Texten dieses Buches zu befassen. Man muß auch keine langjährige Erfahrung in der einen oder anderen Meditationspraxis haben oder einer vermeintlich exotischen und fernöstlichen Denkweise nahestehen. Es ist vollkommen ausreichend, die Texte und Fotografien einfach nur zu lesen, anzuschauen und ganz unbelastet von psychologischen, religiösen oder philosophischen Hintergründen auf sich wirken zu lassen.

Achtsamkeit üben heißt einfach nur, in jedem Augenblick genau zu wissen, was innerhalb und außerhalb von uns geschieht. Meditation bedeutet nichts anderes, als zur Ruhe zu kommen und tiefes Schauen zu üben. Wir wollen die Natur der Dinge in uns und um uns verstehen lernen. Wenn wir Einsicht in auch nur ein einziges Objekt erlangen, das wir betrachten, begegnen wir uns und der Welt im gleichen Augenblick.

Vielleicht stellen wir dann fest, daß es im Grunde weder möglich noch notwendig ist, irgend etwas Besonderes zu unternehmen, um das zu tun, was dieses Buch anregt. „Das Leben berühren" oder „sich selbst begegnen" – beides bedeutet genau das gleiche, und beides findet immerzu und überall statt –, denn das Leben sind wir.

Monika Lamberts-Hengster

Achtsamkeit auf den Körper im Körper

Achtsamkeit auf den Körper ist eine sehr wichtige Praxis in der Lehrrede über die Vier Grundlagen der Achtsamkeit. Den Körper bewußt wahrnehmen und die Körperfunktionen beruhigen ist ebenso eine sehr wichtige Praxis im Sutra des bewußten Atmens. Es gibt dazu vier Atemübungen, die mit der Körperwahrnehmung zu tun haben. Dies sind das bewußte Ein- und Ausatmen, der Länge des Atems folgen, den ganzen Körper bewußt wahrnehmen und die Beruhigung seiner Funktionen.

Mit dem ganzen Körper ist der Körper als Ansammlung von unterschiedlichen Bestandteilen gemeint. Wir machen uns also zunächst den Körper als etwas Zusammengesetztes bewußt und dann die einzelnen Elemente, aus denen er besteht. Es ist eine wichtige Übung, die verschiedenen Teile unseres Körpers sehen zu lernen, ihnen zulächeln zu können, uns mit ihnen und an ihnen zu erfreuen und erkennen zu lernen, aus welchen Elementen unser Körper wirklich besteht. Wir können sehen, daß die Basis unseres Körpers die vier Elemente Erde, Wasser, Feuer und Luft sind. Wir können seine Zusammensetzung und die Stadien seiner Auflösung sehen.

Was immer wir tun, ob wir gehen, stehen, sitzen oder liegen, wir sind uns dieses Körpers bewußt. Wenn uns das gelingt und wir tief in die Natur des Körpers schauen, können wir Einsicht gewinnen in Nicht-Dauer, in Nicht-Selbst und in Einssein. Diese Einsicht zeigt uns, daß wir nicht nur dieser Körper sind. Wir sollten uns nicht zu sehr von unserem Körper abhängig machen und mit ihm identifizieren, denn dies läßt uns leiden. Wenn unsere Praxis der Achtsamkeit noch schwach ist, dann ist unser Körper wie ein wildes, ungezähmtes Tier.

Wenn wir es nicht schaffen, uns auf unsere Schritte, unsere Bewegungen und unseren Atem zu konzentrieren, dann werden wir dies bei unserem Geist und seinen Aktivitäten erst recht nicht können.

Das Wichtigste dabei ist aber nicht Disziplin, sondern es sind Geduld, Liebe und Mitgefühl. Gemäß dem Buddha wird uns fast alles gelingen, wenn wir genug Geduld haben.

Wenn wir dies verstehen können und es uns gelingt, in unserem Körper und in seinen Aktivitäten Achtsamkeit auf diesen Körper und alle seine Funktionen zu entwickeln und aufrechtzuerhalten, dann beginnen wir, auch unseren Geist zu meistern. Unser Körper wird eins mit uns.

Einatmend weiß ich, daß ich einatme.
Ausatmend weiß ich, daß ich ausatme.

Dies ist die erste Übung, um Deinen Körper und Geist mit Deinem Atem in Berührung zu bringen.

Während des Alltags sind wir vergeßlich. Wir sind uns nicht mehr bewußt, daß wir atmen. Deshalb ist es unsere erste Übung, unser Bewußtsein zurück zu unserem Atem zu bringen.

Die Übung des achtsamen Atmens ist sehr wirksam. Es gibt Leute, die mich für diese Ansicht geringschätzen. Sie sehen auf mich herab und sagen, ich lehrte nichts Tiefes und Wundervolles, sondern nur Einatmen und Ausatmen. Aber tatsächlich bringt uns diese Übung des Einatmens und Ausatmens sehr weit auf dem Weg.

Du kannst mit nur je einem Wort üben: ein – aus. Solange Deine Aufmerksamkeit ganz bei Deinem Atem ist, während Du Dir dies sagst, ist es richtig. Die Achtsamkeit ist wie ein Wächter, ein Torhüter Deiner Burg. Er paßt auf, wer dort hinein- und hinausgeht.

Du kannst auch üben, indem Du eine Hand auf den Bauch legst und Dich auf das Heben und Senken Deines Bauches konzentrierst. Dies ist sehr hilfreich, wenn Du keine Ruhe finden kannst. Wenn Du nicht einschlafen kannst, könntest Du auch eine Beruhigungspille nehmen. Aber sie schadet Deinem Körper und macht Dich abhängig. Die beste Methode ist die, alle Aufmerksamkeit auf das Heben und Senken der Bauchdecke zu richten. Wenn Du dies tust, erlaubst Du Deinem Denken, eine Pause zu machen. Du erlaubst der Aufregung, zur Ruhe zu kommen. Weil Du Dich für fünf oder zehn Minuten auf Deinen Atem und das Heben und Senken der Bauchdecke konzentriert hast, kannst Du tief einschlafen.

Es gibt Menschen, die sagen:
Wenn ich praktiziere, wenn ich meditiere,
so tue ich das mit meinem Geist.
Sie haben nicht verstanden, was Praktizieren bedeutet.
Unser Körper ist das Objekt unserer Praxis.

Wir sollten wissen:
Wenn wir nicht in der Lage sind,
unsere Schritte und unseren Atem
bewußt wahrzunehmen,
dann können wir dies erst recht nicht
mit den Aktivitäten unseres Geistes tun.

Das Objekt Deines Geistes ist Dein Atem.
Manchmal ist das Objekt Deiner Wahrnehmung
die Stromschnelle
oder der Wasserfall,

Mitgefühl
oder Eifersucht.

Hier ist es einfach nur
Dein Einatmen und Dein Ausatmen.

Du erkennst etwas sehr Einfaches und Wunderbares.
Du bringst Deinen Geist zurück
zu Deinem Körper und zu Deinem Atem.

Dann kannst Du Deinen Atem wiedererkennen
und Dich damit identifizieren.

Plötzlich merkst Du:
Oh, ich atme ja ein, und ich atme ja aus.

Weil Du Deine ganze Konzentration
auf Deinen Atem richtest,
läßt Du all Deine Sorgen los.
So können Ärger, Gier,
Eifersucht oder Angst verschwinden.

**Einatmend weiß ich,
ob ich lang oder kurz einatme.
Ausatmend weiß ich,
ob ich lang oder kurz ausatme.**

Du erkennst nun, welche Art von Atem Du hast, und Du respektierst Deinen Atem, wie er auf natürliche Weise kommt und geht.

Wenn Du dich unwohl fühlst, machst Du Dir dieses Unbehagen nur bewußt. Du erlaubst dem Körper, dieses Unwohlsein zu haben, und umarmst es, als wäre es ein Baby. Du bist bei Deinem Körper mit Mitgefühl, Gewaltlosigkeit und Sorgfalt. Wenn Du ihm jedoch keine Aufmerksamkeit schenkst, wenn Du ihn Dir nicht bewußtmachst, kann dies sehr schnell zu Ärger, Streß und anderen negativen Zuständen führen.

Wenn unser Rücken beim Sitzen krumm ist, dann stellen wir nur fest, daß unser Rücken krumm ist. Auf natürliche Weise wird sich dann die Haltung von selbst regulieren. Da ist kein Zwang und kein gewaltsames Eingreifen.

Beobachte einfach nur Deinen Atem.

Denke nicht,
ein langer Atemzug ist besser als ein kurzer,
oder ein kurzer Atemzug ist besser als ein langer.

Nach dem Sport machst Du kurze Atemzüge,
und Du fühlst Dich gut.
Manchmal liegst Du ruhig da,
und Deine Atemzüge sind lang.

Ein langer Atemzug ist gut.
Ein kurzer Atemzug ist auch gut.

Wenn Du Dich unbehaglich fühlst,
dann stellst Du nur fest:
Da ist Unwohlsein.
Du sagst nicht,
das Gefühl des Unbehagens ist sehr schlecht.
Ich muß es schnell loswerden.

Du weißt, daß alles sich verändert,
auch Dein Unwohlsein.
Wenn Du dies erkennst, wird es schwächer werden
und schließlich verschwinden.

Du mußt nichts tun,
nichts beeinflussen oder ändern,
nur beobachten.

Wenn die Sonne scheint,
ist einfach Sonnenschein auf dem Land.

Die Sonne versucht nicht,
ihre Strahlen über das Land zu verteilen
oder das Land zu zwingen,
die Strahlen aufzunehmen.
Sie scheint einfach.
Auch wir üben auf diese sanfte,
sehr liebevolle Weise mit unserem Atem.

**Einatmend spüre ich meinen ganzen Körper.
Ausatmend spüre ich meinen ganzen Körper.**

Ich fühle, wie sich meine Lungen mit Luft füllen und wie sich mein Zwerchfell dehnt und zusammenzieht. Ich fühle, wie mein Atem alle Körperteile berührt. Wenn ich gehe, bin ich mir jedes Schrittes bewußt. Wenn ich meine Hand hebe, bin ich mir dieser Bewegung bewußt.

Wenn Du Deinem Atem folgst, kannst Du Körper und Geist für vielleicht fünf oder zehn Minuten miteinander verbinden. Wenn Dein Geist weit weg ist, irgendeinem Gedanken nachjagend, dann ist es schwer, Dich zu konzentrieren. Ohne Konzentration siehst Du aber alles nur auf oberflächliche Weise.

Nur wenn Dein Geist und Dein Körper ganz zusammen sind, kannst Du tiefer schauen.

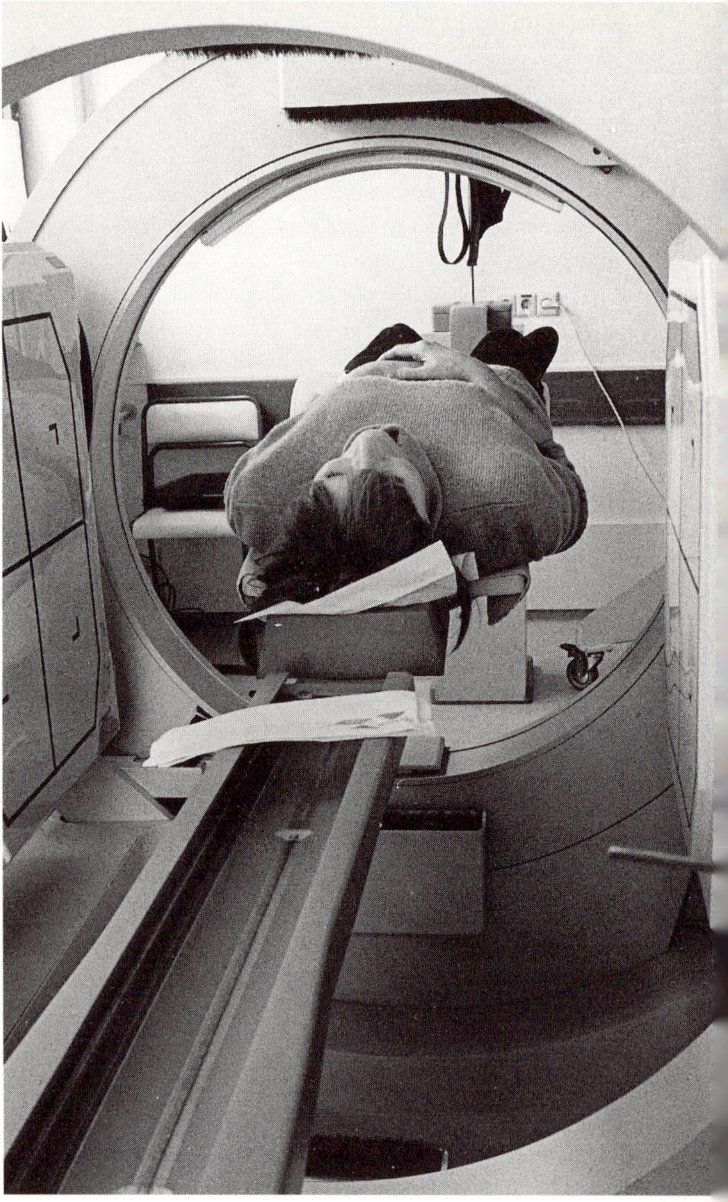

Mein ganzer Körper bedeutet:

Mein physischer Zustand.

Mein Körper ist eine Formation.
Er ist eine Erscheinung,
zustande gekommen
durch die verschiedensten Elemente
wie
Wasser,
Wärme,
Erde,
Samen,
Regen.

Alle Erscheinungen,
alle physischen Zustände sind vergänglich.
Sie bestehen nicht für immer.
Wenn ich meinen Körper in dieser Weise wahrnehme,
erlebe ich ihn als Erscheinung.

Wenn ich meinen Körper wirklich erleben,
tief in ihn hinein sehen
und ihn umarmen kann,
kann ich seine vergängliche Natur
verstehen lernen.

Einatmend erlebe ich meinen Körper. Ausatmend entspanne ich meinen Körper.

Manchmal ist unser Körper sehr angespannt. Er kann einfach keine Ruhe finden. Wir sind gestreßt und quälen unseren Körper, indem wir ihm alle unsere inneren Anspannungen zumuten. Oft haben wir so viele Sorgen, Ängste und Aufregungen, daß unser Körper davon ganz hart wird. Er wird dann anfällig, anfällig für viele Krankheiten und Probleme. Ich meine hier nicht die schlimmen und schweren Krankheiten, sondern die vielen Störungen, die von unserem Geisteszustand verursacht werden. Deshalb müssen wir zuerst zu unserem Körper zurückkehren und uns gut um ihn kümmern.

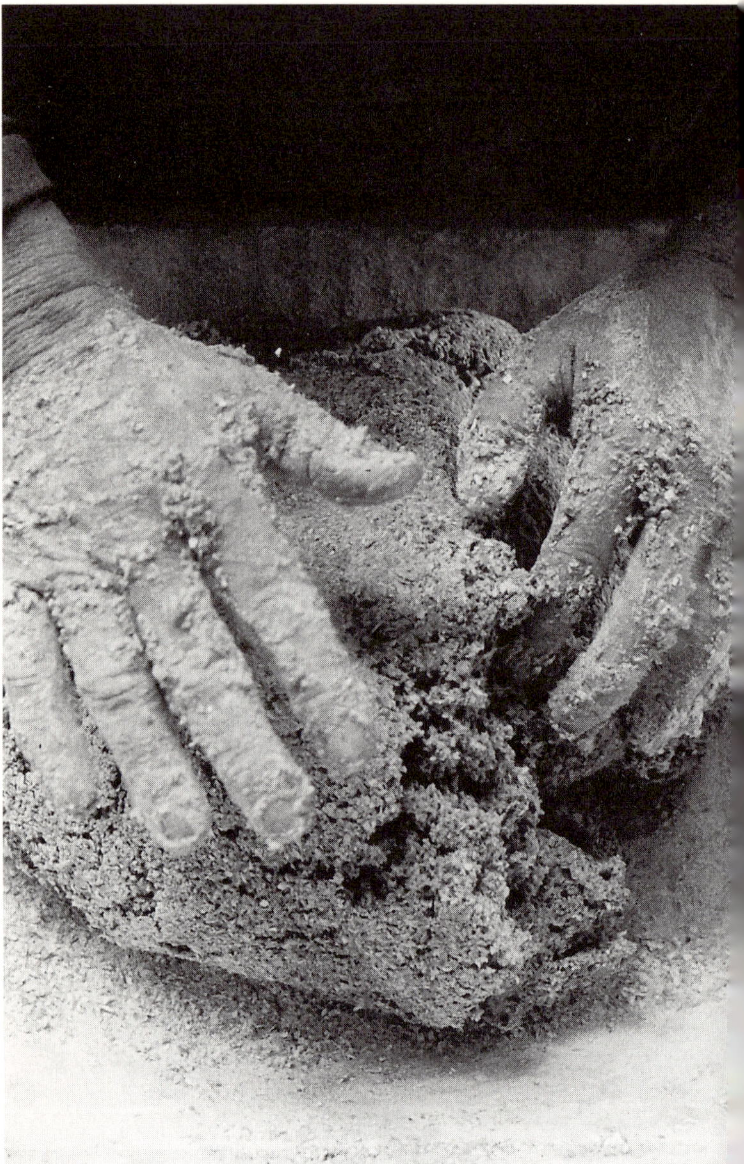

Wenn wir nicht
dazu fähig sind,
unseren Körper zu kontrollieren,
dann wird es sehr schwierig werden,
unseren Geist zu meistern.

Wenn Du Dich entspannen kannst,
weißt Du, was Du zu tun hast,
um Deinem Körper zu helfen.
Du entspannst Dein Herz,
Deine Haut, Deine Organe,
jeden Teil Deines Körpers.

Dann fühlst Du wirklich
die Entspannung des Körpers
und bringst Frieden zu jedem seiner Teile.

Wenn wir den Wind in den Kastanienbäumen hören,
das Singen der Vögel

und dabei
die Wirklichkeit unseres Körpers spüren,
dann können wir Ruhe finden
und in Berührung kommen
mit dem Paradies,
mit dem reinen Land.

Achtsamkeit auf die Gefühle in den Gefühlen

Wir wollen nun üben, in der Betrachtung der Gefühle in den Gefühlen verankert zu bleiben. Dies geschieht dadurch, daß wir uns jedes Gefühl, das wir erleben, bewußtmachen, während wir es fühlen.

Wenn ich ein angenehmes Gefühl habe, erkenne ich es als ein angenehmes Gefühl. Wenn ich ein schmerzhaftes Gefühl erlebe, weiß ich, daß dies ein schmerzhaftes Gefühl ist.

Wir teilen die Gefühle in drei Kategorien ein, angenehme, unangenehme und neutrale Gefühle. Sie können entweder dem physischen oder dem psychischen Bereich entspringen.

Egal, welcher Art unser Gefühl ist, wir können das Licht unserer Achtsamkeit darauf scheinen lassen. Dann werden wir feststellen, welchem Bereich es entspringt und was seine Ursachen sind. Wir können auch sehen, welches die Bedingungen waren, die es haben entstehen lassen. Wären diese Bedingungen nicht vorteilhaft für die Entstehung dieses Gefühls gewesen, wäre es jetzt nicht da.

Wenn wir die bedingte Art seines Entstehens erkennen, können wir auch seine vergängliche Natur sehen. Auch jedes angenehme Gefühl ist von dieser Natur. Sehen wir seine Veränderlichkeit, so werden wir nicht in diesem Gefühl gefangen. Auch die unangenehmen Gefühle sind vergänglich, und wir wissen, daß wir nicht von ihnen überwältigt werden können. Wir sehen, daß unsere Gefühle nur Gefühle sind und diese kommen und gehen. Niemand muß der Sklave seines gegenwärtigen Gefühls sein, denn es wird sich verändern und auch wieder vergehen.

Viele Menschen haben Angst vor ihren Gefühlen. Sie fürchten, in einem angenehmen Gefühl gefangen zu werden und leiden zu müssen, wenn es vergeht. Bei den unangenehmen Gefühlen ist es umgekehrt.

Wir müssen versuchen, beide extremen Verhaltensweisen zu vermeiden. Bei den angenehmen Gefühlen ist das eine Extrem, es nicht zu wagen, diese Gefühle zu haben, und das andere ist, in den angenehmen Gefühlen verhaftet zu bleiben und sich daran zu klammern. Wenn wir uns aber die bedingte und veränderliche Natur aller Gefühle bewußtmachen, dann brauchen wir keine Angst mehr vor ihnen zu haben. Wir müssen weder vor unseren Gefühlen weglaufen, noch werden wir von ihnen gefangengenommen.

Unter dem Einfluß sehr starker Emotionen fühlen wir uns wie ein Baum, der im Sturm hin und her bewegt wird. Wir müssen lernen, mit solchen Gefühlen richtig umzugehen. Man darf dann nicht in den oberen Bereichen des Baumes bleiben, die schwach und dem Wind ausgesetzt sind. Wir gehen nach unten in den Bereich des soliden Stammes und zu unseren Wurzeln, die tief und fest in der Erde verankert sind. Wenn es uns gelingt, nur für einige Minuten achtsam ein- und auszuatmen und uns zu konzentrieren, wird der Sturm vergehen, und wir können überleben.

Es ist sehr wichtig, regelmäßig zu üben, um über die Energie der Achtsamkeit zu verfügen. Damit können wir auch mit den Stürmen intensivster Gefühle wie Angst, Verzweiflung oder Haß geschickt umzugehen lernen.

Welches Gefühl auch immer wir gerade haben, wir können es fühlen, es erkennen und dabei doch unsere Freiheit erhalten.

Wenn wir die vergängliche Natur unseres Gefühls erkannt haben, sind wir frei. Es kann uns nicht überschwemmen. Wir werden nicht daran sterben, denn wir sind nicht nur dieses Gefühl. Unsere Gefühle sind nur ein kleiner Teil von uns. Wir sind viel mehr als das.

Einatmend freue ich mich.
Ausatmend freue ich mich.

Wir machen hier einen Unterschied zwischen dem Begriff Freude und dem Begriff Glück.

Freude bedeutet zum Beispiel, daß wir uns in der Wüste verirrt haben und plötzlich in der Entfernung eine Oase entdecken. In dem Moment fühlen wir uns freudig und angeregt. Wir wissen, daß wir bald etwas zu trinken bekommen werden. Wenn wir dann tatsächlich trinken, klingt die Aufregung ab, und ein friedliches Gefühl breitet sich aus. Wir trinken wirklich und sind glücklich dabei. Dies ist ein anderes Gefühl als die Aufgeregtheit der Vorfreude.

Viele Menschen verwechseln Aufregung mit Glück. Besonders junge Leute halten Glück und die Anregung durch Freude für das gleiche. Sie haben zwar eine Menge Aufregung, kennen aber kein echtes Glück.

Gleis 1
Für gebrauchte Fahrscheine
MEHR BETON FÜR MÜNCHEN

Viele junge Leute suchen nach etwas.
Sie melden sich irgendwo,
vielleicht sogar in einem Meditationszentrum an.
Zunächst sind sie aufgeregt von der Aussicht,
dorthin zu kommen.
Wenn sie aber erst angekommen sind,
ist das Gefühl der Aufregung verschwunden.

Eigentlich müßten sie
nun wieder
woandershin
reisen,
damit diese Freude
neu entsteht.

Aufgeregtheit und Vorfreude
sind nicht das wahre Glück.

Wir müssen
jeden Augenblick
ganz bewußt und tief erleben,
um wirklich glücklich zu sein.

Wenn Du atmest,
sollst Du voller Freude sein
und Deine Freude fühlen.

Sei Dir bewußt,
wie viele Gründe zur Freude
Du hast.

Dann bist Du mit all diesen Möglichkeiten
für Dein Glück
in Berührung.

Kennst Du all Deine Gründe zur Freude?
Du kannst eine Liste schreiben
und alle aufzählen.

... ich bin noch jung, ich habe keine schlimme Krankheit,
ich hasse gerade niemanden, ich habe das Glück,
diese Übungen kennenzulernen ...
... ich bin nicht mehr jung, aber ich habe all meine Reife
und meine Erfahrungen ...

Schreibe alles Positive auf,
das in Deiner Reichweite ist.
Lebe Deine Freude,
erlebe sie tief,
und Du wirst Dich stark und sicher fühlen.

Einatmend fühle ich mich glücklich. Ausatmend bin ich glücklich.

Gehörst Du zu den Menschen, die immer wie auf Kohlen sitzen? Um Dich herum sind so viele wunderbare Dinge, aber Du bist blind für sie?

Vermißt Du es, mit Deinem Leben in Berührung zu sein? Hungerst Du nach Freude und Glück? Jeden Tag, wenn Du kochst und Essen zubereitest, ist dies genauso, wie wenn wir in der Meditationshalle sitzen. Auch dort bereiten wir Nahrung für uns und andere, Nahrung für unser Glück.

Meditation ist Nahrung, Glück und Freude sind Nahrung. Freude und Glück sollen nicht nur Worte bleiben.

Wir werden diese Nahrung brauchen, wenn wir stürmische und hungrige Zeiten erleben. Deshalb ist es wichtig, jeden Tag ihre Zubereitung zu üben, damit es uns auch gelingt, unter schwierigen Bedingungen für unser Wohl zu sorgen. Wenn diese dann kommen, haben wir bereits Vertrauen in unsere Fähigkeit zum Zubereiten von Glück gewonnen. Wir wissen, daß dieses Rezept funktioniert, und können diese Nahrung für uns und andere wirklich erzeugen.

Glücklich-Sein
zu erleben ist keine Übung,
die man schnell hinter sich bringt.
Lebe Dein Gefühl von Glück.
Fühle das Glück,
das in Dir
und um Dich herum ist,
ganz konkret.

Sei in Berührung
mit Deinen wunderbaren Augen und Ohren:
Ich kann den blauen Himmel sehen,
ich kann den grünen Wald sehen.
Ich höre das Singen
des Regens wie das Singen der Vögel.
Ich kann so viele Dinge genießen.

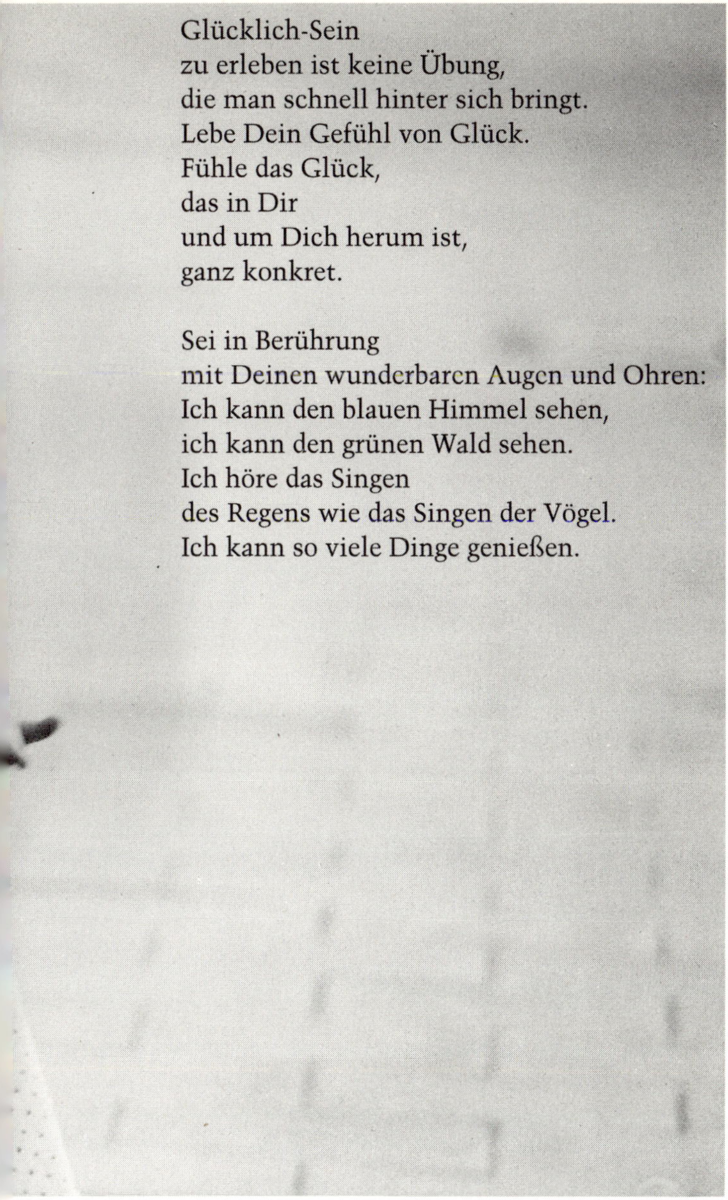

Manche Menschen
denken den ganzen Tag lang
negative Dinge über sich und andere.
Je mehr sie denken,
um so ärgerlicher und frustrierter werden sie.
Deshalb lehrte der Buddha:
Nähre Dich mit Freude und Glück.

Natürlich ist in Deinem Leben auch Schmerz und Sorge.
Aber wenn Du lernst,
diese mit Deiner Freude
und Deinem Glücklich-Sein auszugleichen,
dann wird das Negative nicht ausreichen,
um Dich leiden zu lassen.

Baue Dir Dein eigenes Glück.
Wende Dich
den wundervollen und beglückenden Dingen zu,
um Dich zu stärken.

Dann kannst Du auch
mit Sorgen und Problemen besser umgehen.
Finde Wege für Dich selbst,
um Negatives zu transformieren.

Einatmend bin ich mir meiner Gefühle bewußt. Ausatmend bin ich mir meiner Gefühle bewußt.

Sich seiner Gefühle bewußt sein, heißt: zu beobachten und zu erkennen, was in uns vorgeht. Wenn ich ein angenehmes Gefühl habe, weiß ich, daß ich gerade ein angenehmes Gefühl habe. Wenn ich Angst habe oder wütend oder eifersüchtig bin, weiß ich, daß und welches dieser unangenehmen Gefühle ich habe.

Außerdem machen wir uns bewußt, welchen Ursprung unsere Gefühle haben. Sie können entweder den Funktionen des Körpers oder denen des Geistes entspringen, und deshalb ist es notwendig, jede körperliche und geistige Aktivität wirklich wahrzunehmen.

Wir sind in Berührung mit dem, was in uns geschieht. Wenn wir eine Orange essen, sind wir uns ihres süßen Geschmacks bewußt.

Sich seiner Gefühle bewußt sein, ist leicht gesagt, aber es ist keine einfache Praxis. Deshalb üben wir in einer Gemeinschaft Gleichgesinnter, um uns gegenseitig zu unterstützen.

Wir sind auch mit den negativen Gefühlen in Berührung, mit unserer Eifersucht oder unserer Wut. Wir sind uns einfach nur dieser Gefühle bewußt – ohne sie zu kritisieren oder zu verurteilen.

Wir haben nicht nur angenehme oder unangenehme Gefühle.

Die meisten unserer Gefühle sind neutrale Gefühle. Oft denken wir, ein neutrales Gefühl ist überhaupt kein Gefühl.

Aber das ist nicht richtig. Achtsamkeit auf das Gefühl kann uns zeigen, wie wir ein neutrales Gefühl in ein angenehmes verwandeln können.

In uns fließt ein Strom von Gefühlen.
Jeder Wassertropfen
in diesem Fluß ist ein Gefühl:
ein angenehmes,
ein unangenehmes
oder ein neutrales Gefühl.

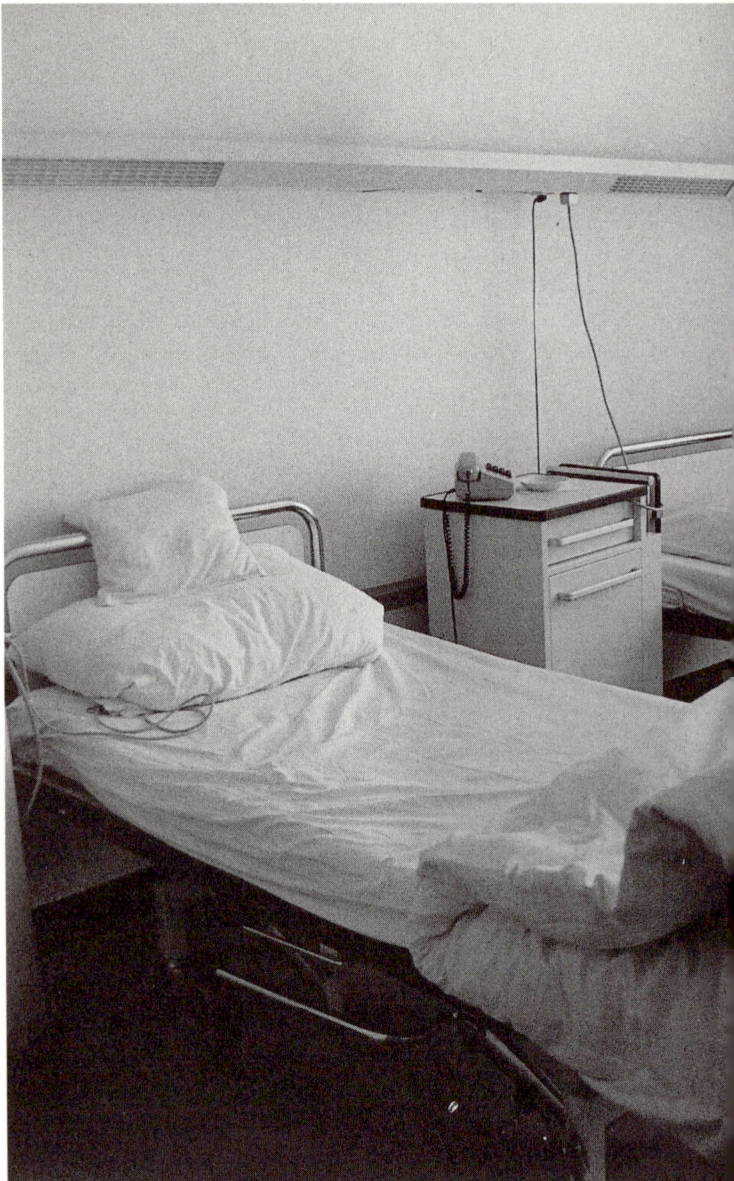

Keine Schmerzen haben,
ist für uns meistens ein neutrales Gefühl.
Wenn wir starke Schmerzen haben,
wünschen wir uns sehr, daß diese aufhören.
Wir wären dann sehr glücklich.

Das Aufhören des unangenehmen Gefühls
ist der Beginn eines neutralen Gefühls:
keine Schmerzen mehr haben.

Wir sollten erkennen,
daß jedes neutrale Gefühl,
wenn wir achtsam damit umgehen,
ein angenehmes Gefühl werden kann.

Wenn ein Vater mit seinem Kind
auf einer Sommerwiese liegt,
dann ist das für den Vater
wahrscheinlich ein angenehmes Gefühl.

Dem Kind wird es bald langweilig,
und es geht los, um etwas Neues zu suchen.
Es hatte zunächst ein neutrales,
aber bald ein unangenehmes Gefühl.

So geht es uns oft,
wenn wir nicht wissen,
wie wir mit einem neutralen Gefühl
richtig umgehen können.
Es wird sehr schnell
zu einem unangenehmen Gefühl,
und wir machen uns auf die Suche
nach einem neuen und angenehmen Gefühl.

Achtsamkeit ist der Schlüssel
zum Umgang mit unseren Gefühlen.
Wenn wir ein angenehmes Gefühl haben,
können wir es einladen, genießen
und uns davon ernähren.
Wenn wir geschickt sind und intelligent,
können wir Neutrales in Angenehmes verwandeln.

Du mußt also nicht
immer und überall außerhalb
nach angenehmen Gefühlen suchen
und Dich vom Leben abgeschnitten
und vom Glück verstoßen fühlen,
wenn Glück und angenehme Gefühle
nirgends zu finden sind.

Komm zu Dir nach Hause
und sei Dir bewußt,
welcher Reichtum an Gefühlen
in Wirklichkeit
zur Verfügung steht.

Einatmend beruhige ich meine Gefühle. Ausatmend beruhige ich meine Gefühle.

Wir müssen noch tiefer in die Natur unserer Gefühle schauen. Jedes Gefühl ist vergänglich. Es kommt, dauert eine Weile und vergeht. Auch wenn wir ein angenehmes Gefühl haben, wissen wir, daß es vergehen wird.

Wenn wir dies erkennen können, werden wir nicht von unserem angenehmen Gefühl gefangengenommen. Wenn wir ein unangenehmes Gefühl haben und seine vergängliche Natur sehen können, werden wir nicht davon überwältigt.

Wir wissen, daß wir Freiheit und Festigkeit haben und die Energie der Achtsamkeit erzeugen können. Wenn wir es zulassen, daß wir auf der Oberfläche unserer Gedanken und unserer Gefühle herumgetrieben werden, können wir untergehen.

Wir müssen zu uns, zu unserem Körper und unserer Atmung zurückkehren. Hier in diesem Zustand der Ruhe und des Friedens sind wir in Sicherheit. Körper und Geist, Gefühle und Atem können wir mit dieser Übung vollständig vereinen und frei sein.

Betrachte einen Baum im Sturm.
Sieh, wie sich die Äste und Zweige bewegen,
als ob sie jeden Moment abbrechen werden.
Wenn wir ein starkes Gefühl haben,
sind wir
wie ein Baum im Sturm.

Wenn wir
die vergängliche Natur
unserer Gefühle
sehen können,
sind wir frei.

Achtsamkeit auf die Zustände unseres Geistes

Wir wenden uns nun dem Bereich des Geistes zu. Damit ist hier der Bereich der geistigen Formationen, der Zustände des Geistes gemeint. In der buddhistischen Psychologie werden unter diesem Oberbegriff auch die Gefühle und die Welt unserer Wahrnehmungen mit eingeordnet. Da Gefühl und Wahrnehmung so wichtig und wirkungsvoll für uns sind, werden sie jeweils als eigener Bereich und mit eigenen Übungen ausführlicher betrachtet.

Der Begriff der Geisteszustände ist weiter als der der Gefühle und umfaßt zum Beispiel auch den Zustand des verwirrten Geistes, den des konzentrierten Geistes, den des zweifelnden, des engen, des energischen oder den des befreiten Geistes und viele mehr.

Wenn wir uns fragen, welche Rolle der Begriff des Bewußtseins dabei spielt, so kann man sagen, daß dieses als die Grundlage, als die Kapazität zur Entstehung anzusehen ist. Es besteht aus all den Anlagen zu den geistigen Formationen. Das, was dann entsteht, wenn entsprechende Voraussetzungen vorliegen, sind die Zustände unseres Geistes, wie wir sie in uns vorfinden. Es gibt somit kein Bewußtsein außerhalb der geistigen Zustände, sondern das Bewußtsein besteht aus ihnen. Das ist so, wie ein Fluß aus Wassertropfen besteht und der Begriff Fluß ohne Wassertropfen nicht existieren kann.

Mit den folgenden Übungen wollen wir Achtsamkeit auf unsere geistigen Zustände während der geistigen Zustände üben. Wir stellen dabei fest, in welchem Zustand unser

Geist gerade ist, ob sich ein bestimmter Zustand vielleicht gerade bildet, ob er bereits vorhanden ist und in uns arbeitet oder ob er gerade im Begriff ist, sich aufzulösen und zu vergehen.

Wir akzeptieren, was wir vorfinden, respektieren sein jeweiliges Stadium und kämpfen nicht dagegen. Diese Zustände, diese Prozesse sind wir ja schließlich selbst. Unser Geisteszustand, besonders ein negativer, vor dem wir so schnell wie möglich davonlaufen wollen, ist nicht unser Feind. Er ist ein Teil von uns selbst, und es ist unsere Pflicht, uns gut um ihn zu kümmern.

Viele Menschen stellen sich vor, Meditation ist wie ein Kampf zwischen Gut und Böse, Himmel und Hölle. Aus unserer Sicht ist aber alles gegenseitig voneinander abhängig. Aus Kompost werden Blumen, und aus Blumen wird Kompost. Eine negative Geistesverfassung ist nicht der Feind einer positiven. Wenn wir uns nicht gut um den guten und schönen Zustand kümmern, wird er sehr viel schneller zu einem schlechten und häßlichen.

Es gibt den Zustand voller Schwierigkeiten, die uns plagen und heimsuchen, und es gibt den Zustand des erwachten und befreiten Geistes. Aber der von Negativem belastete Geist ist nicht der Gegner oder das Gegenteil des befreiten. Wenn wir wissen, wie wir uns um unsere negativen Zustände, unsere schlechten Eigenschaften, unsere unangenehmen Veranlagungen kümmern können, dann werden sie zum positiven Zustand des erwachten Geistes.

Wir müssen also lernen, wie ein guter Gärtner mit unserem Geist umzugehen. Sehen wir Abfall, so kümmern wir uns darum und machen daraus Kompost.

**Einatmend bin ich mir bewußt,
in welchem Zustand mein Geist ist.
Ausatmend bin ich mir bewußt,
in welchem Zustand mein Geist ist.**

Du weißt, welchen Zustand Dein Geist gerade hat. Wenn Du Verlangen nach etwas vorfindest, weißt Du, daß Du Verlangen nach etwas in Deinem Geist hast. Wenn Du Zweifel, Langeweile oder Verwirrung in Dir erkennst, weißt Du, daß diese Zustände gerade vorhanden sind. Findest Du diese Geisteszustände nicht vor, dann machst Du Dir auch das bewußt.

Manchmal denken wir, wenn kein Verlangen, keine Wünsche in unserem Geist erkennbar sind, dann sei gar nichts da. Dies ist aber so nicht richtig. Wenn keine Wünsche da sind, ist schon etwas vorhanden, nämlich die Freiheit von Wünschen. Ist kein Verlangen nach etwas da, dann erzeugt dies ein Gefühl von Glück. Das passiert dann, wenn wir wissen, wie es uns ergeht, wenn wir etwas haben wollen. Wir sind dann aufgeregt, drehen uns im Kreis, verzehren uns wie in einem Feuer und verlieren dabei unsere Freiheit. Stellen wir also fest, daß dieser Zustand des Wollens gerade nicht in unserem Geist ist, dann erkennen wir, daß nun Raum dort ist für Wohlbefinden und Glück.

Wenn unser Geist unachtsam ist und wir sind uns dessen bewußt, dann ist dies schon der Beginn des Zustandes der Achtsamkeit.

Die Abwesenheit von negativen Geisteszuständen schafft Platz für die Anwesenheit von positiven wie Zufriedenheit, Freude und Glück.

Ohne den Zustand unseres Geistes zu werten, ohne ihn zu unterdrücken oder zu beeinflussen, sehen wir ihn also einfach an und registrieren, was da ist und was nicht.

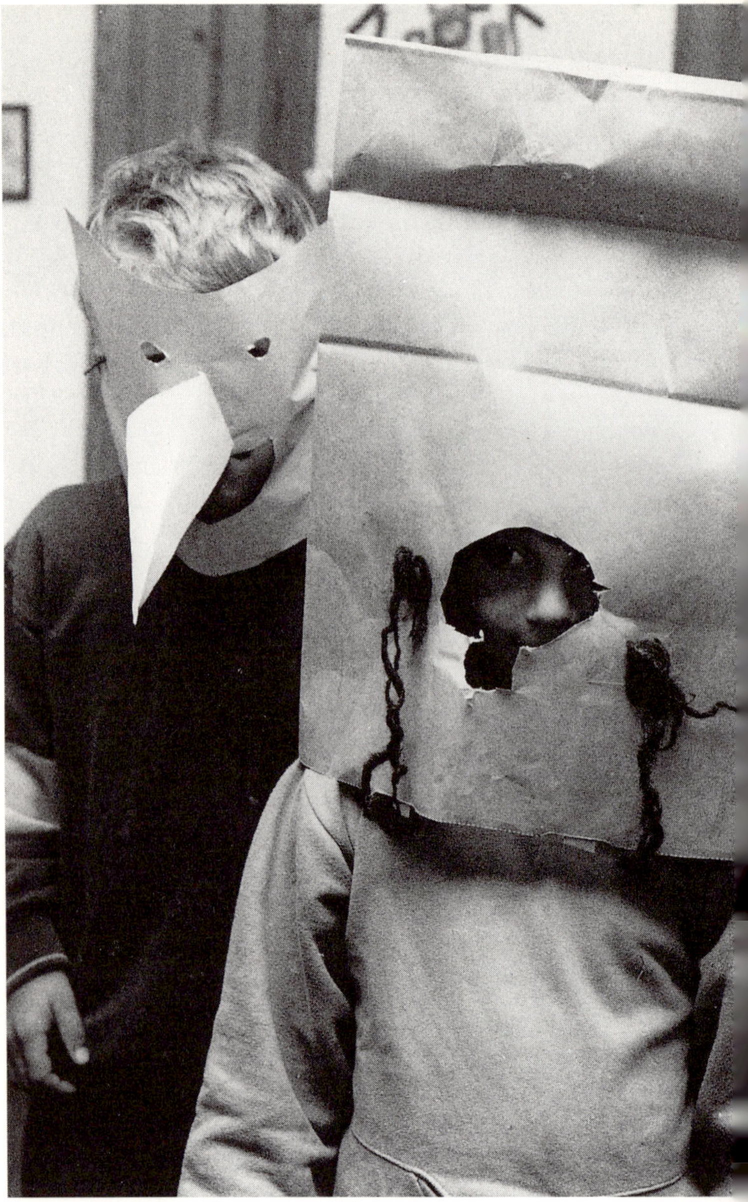

Erwacht sein, frei sein ist möglich,
aber diese Geisteszustände sind verdeckt.
Wenn wir das entfernen können,
was sie verbirgt,
dann können sie sich zeigen.

Wenn Du siehst,
daß Dein Freund in seinem Geisteszustand,
in seinen Gedanken
gefangen ist wie in einer Falle,
dann kannst Du ihm helfen.

Du kannst ihn fragen:
Was denkst Du gerade?
Und ihm damit die Hand reichen
zu einem Ausweg
aus seiner Geistessituation.

Einatmend erzeuge ich eine positive Geistesverfassung. Ausatmend erzeuge ich eine positive Geistesverfassung

Wie kann ich den Zustand meines Geistes verändern? Kann ich selbst eine positive Geistesverfassung herstellen? In unserem Bewußtsein ruhen alle Möglichkeiten für negative oder positive Zustände unseres Geistes wie Samen. Wenn diese Samen auf die notwendigen Voraussetzungen zum Keimen treffen, so erscheinen sie als geistige Formation. Wir haben die Anlagen zu Freude, Glück, Liebe und Vergebung in unserem Bewußtsein und können sie zum Keimen und Blühen bringen. Indem wir sie berühren, sie uns bewußtmachen und immer weiter stärken, werden sie wie gutgepflegte Pflanzen wachsen, Früchte tragen und sich ausbreiten.

Wir können dabei eine große Freude in uns entdecken. Denn wir merken, daß wir diese Übung immer, jetzt gleich, in jedem Moment machen können und daß der gegenwärtige Moment deshalb immer der wichtigste für uns ist.

Eine hilfreiche Methode dafür besteht aus vier Bemühungen. Zunächst versuchen wir, negative Samen nach Möglichkeit nicht zum Keimen zu bringen. Wir vermeiden den Kontakt mit den Dingen, die sie aufwecken würden, wie zum Beispiel Darstellungen von Gewalt in Filmen oder Büchern.

Wenn wir aber feststellen, daß diese Samen bereits Gestalt in uns angenommen haben und unseren Geist besetzen, dann versuchen wir, sie nicht noch weiter zu stärken. Wir können sie dadurch zurück zu einem Ruhezustand bringen, daß wir ihnen keinen Raum zum Wachsen geben. Wir schalten unseren Geist auf positive Zustände um, so wie wenn wir den Kanal beim Fernsehen wechseln, und befassen uns statt dessen mit etwas, das uns freut. Mit den positiven Anlagen verfahren wir umgekehrt. Wir laden sie bewußt ein und halten sie so lange wie möglich am Leben und Blühen. So entwickeln sie kräftige Knollen wie Tulpen und Narzissen und erscheinen wie diese immer stärker und zahlreicher in jedem neuen Jahr.

Wenn auch nur
zwei oder drei positive Samen
in unserem Bewußtsein keimen können,
haben wir schon einen positiven Zustand erzeugt.
Diese Übung machen wir jeden Tag.

Gehen, Stehen, Sprechen, Lachen ist,
wie Blumen zum Blühen zu bringen
für sich und für andere.
Viele Menschen bringen
eine Menge Blüten aus ihren Pflanzen hervor,
und bei anderen gehen nur wenige auf.

Wenn wir noch wenig Blüten bekommen,
fühlen wir uns nicht schlecht.
Dann wissen wir, daß unsere Wurzeln
noch tiefer mit der Erde
verwachsen müssen.
Ganz natürlich werden so
mehr und mehr Blüten erscheinen.

Lasse möglichst
keine negative Verfassung aufkommen.

Wenn sich eine negative Verfassung gebildet hat,
dann hilf ihr,
sich möglichst schnell wieder abzubauen,
damit sie sich nicht noch weiter verstärkt.

Hilf den positiven Zuständen,
zu keimen
und sich zu entwickeln.

Halte einen positiven Zustand
möglichst lange aufrecht
und stärke ihn damit.

Einatmend konzentriere ich mich auf meine geistige Verfassung. Ausatmend konzentriere ich mich auf meine geistige Verfassung.

Diese Übung bedeutet, daß wir unsere Achtsamkeit benutzen, um die jeweilige geistige Verfassung für eine Weile aufrechtzuerhalten und zu umarmen. Egal, ob es sich um einen negativen oder einen positiven Zustand handelt, sobald wir dazu fähig sind, uns einige Zeit darauf zu konzentrieren, wird es uns auch gelingen, tief in seine Natur hineinzusehen.

Konzentration bedeutet hier den Beginn von Erkennen und Einsicht. Wir gehen genau wie ein Wissenschaftler vor, der sich auf das Objekt seiner Forschungsarbeit konzentriert, und betrachten unseren geistigen Zustand als Objekt der Forschung. Unser Geist ist hier der Forscher. Aber er ist auch das Objekt unserer Betrachtung, ist der Atem, der positive Zustand, die negative Verfassung. Er ist im selben Moment die Einheit von Subjekt und Objekt, das beleuchtet und das erleuchtet wird.

Handelt es sich um eine unangenehme Verfassung, dann kann diese Arbeit schwierig werden. Manche negativen Zustände sind sehr hartnäckig. Es ist nicht damit getan, das Programm zu wechseln. Wir können nicht umschalten, denn sie kehren immer wieder. Dann ist die Methode der Umarmung und Einsichtnahme das Einzige, was wir tun können. Mit voller Konzentration von Körper und Geist kümmern wir uns um diesen Zustand und finden heraus, was die Gründe für seine Existenz sind.

Fühlen wir uns allein dazu zu schwach, dann sollten wir Freunde bitten, uns zu unterstützen. Wer gerade in einem Tief steckt, braucht jemanden, dessen Energie der Achtsamkeit stark ist und der ihm bei dieser Arbeit helfen kann.

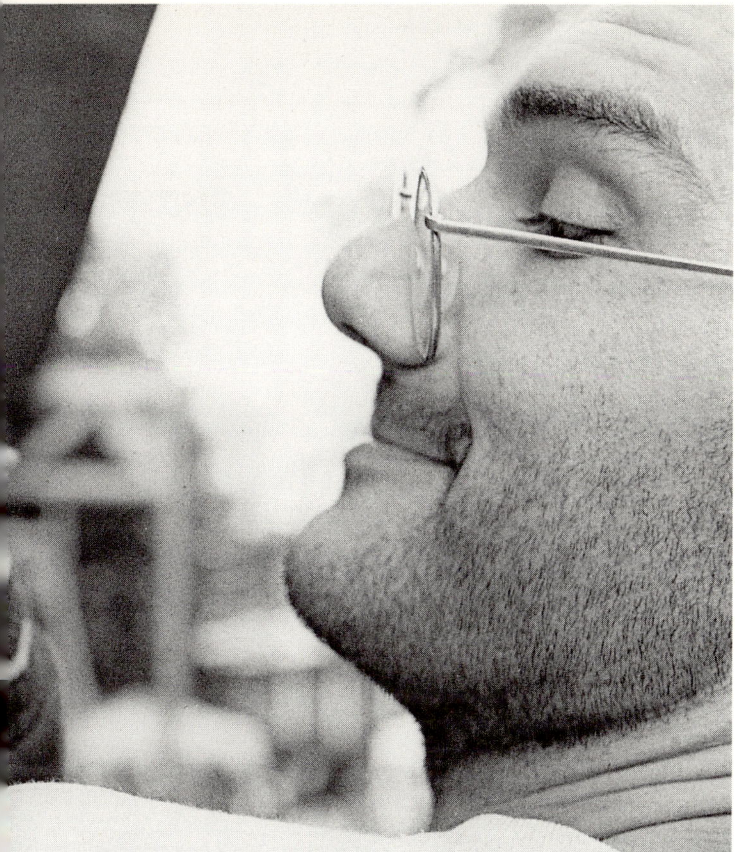

Ich laufe nicht vor meinem Zustand davon, sondern konzentriere mich auf ihn, um auch in meine Traurigkeit, Angst, Eifersucht und Einsamkeit hineinzuschauen.

Wir leiden unter diesen Zuständen und wollen lieber vor ihnen fliehen. Hier aber arbeiten wir mit ihnen.

Wir halten sie mit Achtsamkeit und Konzentration. Wenn wir sie nicht ansehen können, gibt es keine Möglichkeit, von ihnen befreit zu sein.

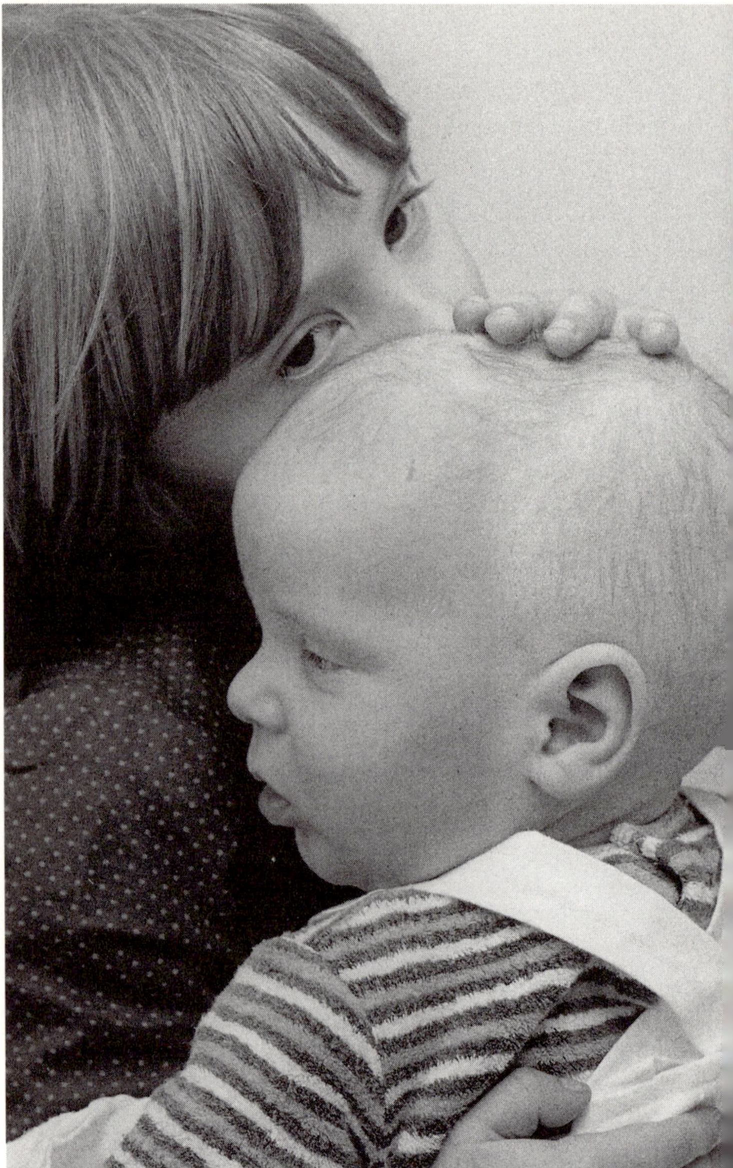

Konzentration auf den Geisteszustand bedeutet,
ihn umarmen zu lernen,
um ihn tief anzuschauen
und zu erkennen.

Wenn wir dies schaffen
und ihn
als Wurzel unseres Leidens
erkennen,
dann können wir ihn auch loslassen
und werden frei davon sein.

Einatmend lasse ich meinen negativen Geisteszustand los. Ausatmend lasse ich meinen negativen Geisteszustand frei.

Unsere negativen Geisteszustände sind wie Fesseln, in denen wir gefangen sind. Den Geisteszustand loszulassen bedeutet, den Strick, den er für uns darstellt, aufzuknoten, die Fäden zu entwirren und wegzulegen.

Wir müssen dazu unseren Zustand genau kennen, wissen, wie er sich nennt und woher er kommt. Ärger ist Ärger, Stolz ist Stolz, Gier ist Gier. Die Ursachen für unsere jeweilige Verfassung werden wir dann durch tiefes Hinschauen entdecken. Nichts kommt von nichts. Alles hat Quellen für sein Entstehen und vergeht wieder, wenn es von diesen nicht mehr gespeist wird.

Unsere geistige Verfassung kann von unserem Körper kommen, von unserer Psyche, von unserer Erbmasse und Veranlagung, von unserer Umgebung und der Gesellschaft. Wir werden nie nur eine einzelne Ursache finden. Wenn wir die Hintergründe in dieser Weise erkennen, dann sehen wir, wie natürlich es war, daß sich unter diesen Bedingungen ein solcher Zustand gebildet hat. Wird unser Geist in einer spezifischen Weise geformt und beeinflußt, dann muß dieser bestimmte Zustand ganz zwangsläufig entstehen.

Wenn wir die Quellen sehen können, aus denen unsere negative Verfassung gespeist wird, dann wissen wir damit auch genau, wie wir sie zu einem Ende kommen lassen können.

Wir beobachten das Ende unserer geistigen Verfassung genauso wie ihr Zustandekommen und ihre Ursachen. Ihr Entstehen, ihre Existenz und ihr Vergehen sind ein Prozeß. Alle seine Phasen benötigen eine bestimmte Zeit, und wir müssen lernen, diese Vorgänge zu respektieren.

Eine negative geistige Verfassung
ist wie eine Fessel,
die mich festbindet,
wie die von Gier und Haß,
von Zweifel, Verdächtigung oder Stolz.

Dies sind Fesseln, die uns gefangenhalten,
unseren Körper wie unseren Geist
und unser Leben unglücklich machen.

Wir müssen lernen,
unseren geistigen Zustand beim Namen zu nennen.
Wir müssen ihn als das erkennen,
was er ist,
als Gier, Stolz oder falsche Wahrnehmung.
Es reicht aber nicht zu sagen,
ja, das kann ich tun.
Dies ist ein weites Feld der Übung.
Wir müssen wirklich fähig sein,
jeden unserer Zustände zu erkennen
und dabei auch all das auszuhalten,
was wir als seine Ursachen entdecken werden.

Immer wenn ein Geisteszustand aufkommt,
solltest Du
„Hallo"
zu ihm sagen.

Lasse ihn nicht kommen und gehen,
ohne daß er
von Dir erkannt worden ist.

Wenn Du so praktizierst,
um Dich
von einem negativen Zustand zu befreien,
dann ist das kein Gebet
und kein Wunschdenken,
sondern eine Sache der täglichen Übung.

Achtsamkeit auf die Welt unserer Wahrnehmungen

Nach der buddhistischen Lehre gehören unsere Wahrnehmungen auch zum Bereich der Geisteszustände. Wie schon die Gefühle wird auch dieser besonders wichtige Bereich herausgehoben und durch eigene Übungen zur Achtsamkeit betont. Sie dienen dazu, all das, was wir wahrnehmen, tiefer anzuschauen, um seine wahre Natur zu erkennen.

Wahrnehmung erfolgt über unsere Sinnesorgane. Das Objekt der Wahrnehmung durch die Augen nennen wir Form. Der Begriff Form umfaßt hier alle optischen Eindrücke, also auch Farbe, Perspektive oder Kontrast. Sehen entsteht durch das Aufeinandertreffen von Auge und Form. Das gleiche gilt für Hören, Riechen, Schmecken, den Tastsinn und das Bewußtsein. Dieses wird hier als sechster Sinn dargestellt. Die ersten fünf Sinnesorgane arbeiten entweder allein oder im Zusammenspiel mit dem Bewußtsein. Das Bewußtsein kann auch allein aktiv sein, wie zum Beispiel beim Träumen, Schreiben, oder wenn wir abstrakte Dinge wie Mathematikaufgaben gedanklich bearbeiten. Auch in der Meditation können wir unser Bewußtsein ohne äußere Wahrnehmung nutzen. Dann beruht seine Aktivität nicht auf Eindrücken durch die anderen Sinnesorgane, sondern auf Informationen aus dem geistigen Bereich, den tieferen Schichten unseres Speicherbewußtseins.

Die Welt unserer Wahrnehmungen besteht aus den Objekten unseres Geistes. Sie können von innerhalb oder außerhalb unseres Körpers oder aus einer Kombination von beidem kommen. Form, Geräusch, Geruch, Geschmack, Berührung und die geistigen Formationen sind alles Objekte unseres Geistes.

Wenn wir die Einteilung unserer Übungen der Achtsamkeit in die vier Bereiche Körper, Gefühle, Geisteszustände und Wahrnehmungen genau anschauen, dann sehen wir, daß alle Bereiche Objekte des Geistes sind. Auch unser Körper gehört dazu. Sobald unser Bewußtsein auf etwas gerichtet ist, wird dieses damit ein Objekt des Geistes. Das können wir auch bei den Übungen zu den Gefühlen und den Geisteszuständen feststellen.

Mit der Welt der Wahrnehmungen haben wir ein unendlich großes Feld von Dingen, Phänomenen, Erscheinungen vor uns.

Auf diese Phänomene richten wir hier nun unsere Achtsamkeit, während wir sie wahrnehmen. Wir tun dies, weil unsere Wahrnehmungen uns meistens sehr täuschen. Dies liegt daran, daß wir die Wahrnehmung einer Erscheinung, den subjektiven Sinneseindruck, also ihr Bild, in unserem Geist für die Sache selbst halten. Fast all unser Leiden resultiert daraus.

Um unser Leiden wirklich zu beenden, müssen wir die wahre Natur, die Realität dieser Erscheinungen sehen.

Berühren wir ihre Natur, dann erkennen wir, daß alle Erscheinungen sich ständig verändern. Es ist nicht möglich, sie festzuhalten, und auch sie können uns nicht binden. Sie sind vergänglich im ständigen Prozeß des Entstehens und Vergehens, weder werden sie geboren noch sterben sie. Deshalb ist es auch nicht notwendig, nach ihnen zu greifen. Ihr Zustandekommen zu dem Bild, das wir wahrnehmen, ist von unzähligen Bedingungen und von allen anderen Erscheinungen abhängig. Zu diesen gehören auch wir selbst als ihre Erzeuger, Betrachter und gleichzeitigen Objekte, denn wir sind von derselben Natur. Auch wir sind Objekte des Geistes.

Wenn wir uns und die übrige Welt unserer Wahrnehmungen in dieser Weise sehen können, in ihrer Vergänglichkeit und gegenseitigen Bedingtheit, dann sind wir frei von allen Ideen und falschen Vorstellungen, selbst von denen einer Befreiung, die irgendwo außerhalb der Welt unserer Wahrnehmungen zu suchen oder zu erlangen wäre.

Einatmend beobachte ich die Veränderung aller Dinge. Ausatmend sehe ich die Vergänglichkeit aller Dinge.

Wir haben vom Buddha über die Vergänglichkeit gelernt. Wir haben seine Lehren darüber gehört, und wir haben Texte und Sutren dazu gelesen. Wir wissen genau, daß wir bestenfalls hundert Jahre leben werden. Aber dieses Wissen ist trotzdem nur oberflächlich. Wir sind Narren und wollen es einfach nicht glauben. Tief in uns ist etwas, das immer denkt, wir würden ewig leben. Da hat jemand einen Unfall, ein anderer muß ins Krankenhaus, dieser hat Krebs, jener ist gestorben – aber wir sind uns nicht wirklich bewußt, daß auch uns selbst all dies unweigerlich einmal treffen wird. Vergänglichkeit mag existieren, aber wir wollen sie nicht sehen und halten uns lieber die Augen zu.

Dennoch ist das, was wir Vergänglichkeit nennen und so sehr fürchten, nichts Negatives. Vergänglichkeit ist Veränderung, und Veränderung ist eine notwendige Bedingung für das Leben. Würden sich die Dinge nicht verändern, wären sie nicht vergänglich, dann gäbe es kein Leben.

Wir handeln in unserem Alltag sehr oft so,
als würden wir ewig leben,
als wären wir und unsere Lieben
für immer da.

Aber das ist nicht wahr.
Unser Leben ist vergänglich,
ist wie ein Lichtblitz,
wie Wolken am Himmel.
Wir müssen uns bei allem, was wir tun,
darauf konzentrieren,
die Vergänglichkeit und ihre wahre Bedeutung
zu ergründen.

Wenn wir
Sonnenblumen
haben wollen,
pflanzen wir
Sonnenblumenkerne.

Aber der Zustand des Kernes muß verschwinden,
damit daraus Sonnenblumen werden können.

Und die Blume muß verblühen,
damit aus der Blüte
wieder Sonnenblumenkerne
entstehen können.

Das ist mit Vergänglichkeit gemeint.

Vergänglichkeit
bedeutet auch,
daß es kein eigenständiges Selbst gibt.
Nicht-Selbst ist nur ein anderes Wort für Vergänglichkeit.
Denn es gibt nichts,
das auch nur für Sekunden gleichbleiben kann.
Wir atmen ein und aus,
und wir sind anders als vorher.

Beim Atmen gelangt
eine Menge Elemente in unseren Körper.
Das, was wir ausatmen,
wird von anderen Leuten wieder eingeatmet.
Wir beeinflussen uns ständig gegenseitig.
In jedem Augenblick
übertragen wir etwas an andere,
nehmen etwas auf,
tauschen uns aus.

Wenn wir auf jemanden ärgerlich sind,
können wir uns
die Bedeutung der Vergänglichkeit
bewußtmachen.
Bevor wir anfangen
zu streiten und zu strafen,
schließen wir die Augen und überlegen:
Wo werde ich in hundert Jahren sein –
und wo wirst Du in hundert Jahren sein?

Wir wissen in Wirklichkeit nicht einmal,
ob wir morgen noch hier sein werden.
Wenn wir dies erkennen,
werden wir heute schon etwas tun wollen.
Was immer wir heute tun können,
um uns und die, die wir lieben, glücklich zu machen,
sollten wir heute tun.

Das ist Einsicht in die Bedeutung von Vergänglichkeit.
Sie gibt uns die Fähigkeit, zu leben und loszulassen.
Wir können uns leicht fühlen
und frei sein.

Einatmend sehe ich, daß die Welt unserer Wahrnehmungen es nicht wert ist, sich von ihr abhängig zu machen. Ausatmend sehe ich, daß die Erscheinungen der Dinge es nicht wert sind, sich an sie zu klammern.

Warum versuchen wir überhaupt, in die Natur unserer Wahrnehmungen zu sehen? Wir tun dies, um die Realität der Dinge, der Objekte unserer Wahrnehmung zu erkennen. Unsere Wahrnehmungen basieren auf unseren Sinneseindrücken und unserem Bewußtsein. Immer haben wir eine bestimmte Idee, ein Bild über die Realität dessen, was wir sehen, hören, schmecken oder denken. Alle unsere Wahrnehmungen sind deshalb irreführend. Auf dieser Ebene können wir die Wirklichkeit dieser Objekte, ihre Vergänglichkeit und die Abhängigkeit ihrer Existenz von allem anderen, was in uns und außerhalb von uns existiert, nicht sehen.

Das ist der Grund dafür, daß wir in unseren Vorstellungen dieser physischen und geistigen Phänomene gefangen werden. Wenn eine Wahrnehmung angenehme Gefühle in uns auslöst, dann glauben wir, wir müßten die Dinge festhalten, die dieser Wahrnehmung zugrunde liegen. Das liegt daran, daß wir glauben, die Dinge existierten für sich und außerhalb von uns und wir könnten sie nehmen, haben und behalten. Wenn wir uns mit dieser Vorstellung an sie klammern, kann es sein, daß sie uns Tag und Nacht verfolgen und viel Leiden auslösen. Wir leiden, denn wir sind davon abhängig, unbedingt haben zu müssen, was in Wirklichkeit gar nicht das ist, als was es uns erscheint.

In jedem Augenblick
bringen wir zusammen,
was von außen und was von innen kommt.
Woher wissen wir,
daß eine Katze eine Katze ist?

Weil da eine Katze außerhalb von uns ist,
aber auch
das Bild einer Katze in uns.

Die Dinge, die wir wahrnehmen,
sind die Objekte unserer Wahrnehmung.
Diese Bank ist das Objekt unserer Wahrnehmung,
dieser Baumstamm ist das Objekt unserer Wahrnehmung,

und alle diese Dinge,
all diese Objekte
sind vergänglich.

Wenn wir tief
in die Natur der Vergänglichkeit
geschaut haben,
können wir auch tief in die Natur
aller Objekte, die wir begehren,
schauen.

Wir erkennen, daß sie Leiden auslösen,
wenn wir uns von ihnen abhängig machen.

Sie sind es nicht wert,
ihnen hinterherzulaufen.

Einatmend sehe ich, daß die Dinge weder Anfang noch Ende haben. Ausatmend sehe ich, daß sie in Wirklichkeit weder kommen noch gehen.

Ob wir ein Stück Holz, einen Menschen oder ein Staubkorn wahrnehmen, was wir sehen, ist immer nur unsere Wahrnehmung davon. Das Holz und jede andere Erscheinung sind das, was sie sind. Wir können nicht wissen, was das wirklich ist. Deshalb entwickeln wir Ideen darüber.

Wir sehen ein Staubkorn und denken, dies ist ein Stück lebloser Materie. Aus der Sicht eines Physikers besteht es aus Molekülen, einem Atomkern mit Elektronen darum, Raum, Bewegung und vielen Energien, die wir nicht sehen können. Aber auch alle physikalischen Vorstellungen sind nur Modelle und Bilder.

Alle Ideen über die Erscheinungen bleiben Ideen, und wir verbringen unser ganzes Leben damit, an sie als wirklich zu glauben. Das ist ein Grund, warum wir leiden. Die Dinge erwecken den Eindruck, als ob sie einen Anfang haben und ein Ende, eine Existenz oder eine Nicht-Existenz. Wenn wir ein Blatt sehen, dann sieht es so aus, als ob es im Frühling geboren wird und im Herbst stirbt. Zuerst ist es, und dann ist es nicht mehr. Aber wenn wir seine wahre Natur erkennen können, sehen wir, daß es zu keiner Zeit auf diese Weise existiert hat.

Es war niemals nur aus sich selbst heraus und unabhängig vom Baum, der Erde, der Sonne, dem Regen und auch von seinem Betrachter existent und kann deshalb auch niemals nicht-existent gewesen sein. Eine große Freude entsteht in uns, denn wir müssen es weder ergreifen noch festhalten, um es nicht zu verlieren, weder dieses noch irgendein anderes Ding.

Wenn wir tief in das Wesen
von Vergänglichkeit und Nicht-Selbst schauen,
dann können wir
mit der wahren Natur der Blätter
in Berührung kommen.

Die Blätter sind wie der Buddha,
sie werden nicht geboren, und sie sterben nicht.
Sie existieren nicht,
und sie hören nicht auf zu existieren.

Und wir sind genauso.
Auch wir sind Teil einer Wirklichkeit,
wo es weder Geburt noch Tod gibt.

Geburt und Tod
sind nur Ideen über Geburt und Tod.
Das Ziel unserer Praxis ist es,
in Berührung zu kommen
mit unserer wahren Natur,
wo es nicht mehr
das Viele und das Eine gibt
– mit der Welt des Nirvana.

Dann haben wir die Tür geöffnet,
zu Nicht-Geburt und Nicht-Tod,
zu Nicht-Kommen und Nicht-Gehen.
Wir haben die Tür geöffnet
zur transzendenten Dimension unserer Wirklichkeit.
Wir sind nicht mehr zu erschüttern
und frei.

Einatmend betrachte ich das Loslassen aller Vorstellungen. Ausatmend betrachte ich die Befreiung von allen Ideen.

Wenn Du Deine Ideen nicht loslassen kannst, kannst Du Dich von Deinen Ängsten, Sorgen und Schwierigkeiten nicht befreien.

Egal, von welcher Idee wir uns abhängig machen, wir können nicht glücklich sein, solange wir diese nicht lassen können. Es ist gleich, ob diese Idee die Idee von Erfolg ist, perfekter Gesundheit oder eine bestimmte Vorstellung vom Glück. Schau in Deinen Geist, ob Du nicht so eine Vorstellung von Deinem Glück hast.

Betrachte ein Blatt. Es erscheint Dir schön, und Du willst es konservieren. Du kannst es in einem Buch pressen. Aber Buch und Blatt werden beide vergehen. Schon jetzt sind sie nicht nur das Bild, an dem Du so hängst. Wenn Du die Dinge so sehen kannst, kannst Du Deine Vorstellung von diesem Blatt und seiner kurzen Lebensdauer loslassen.

Wir sind wie das Blatt, und unser Körper und unsere Lebensspanne sind so unbegrenzt wie seine. Natürlich können wir nicht Geboren-Werden und Sterben überwinden. Was wir versuchen, ist, unsere Vorstellungen über Geburt und Tod zu überwinden, über Existenz und Nicht-Existenz. Zu keiner Zeit haben wir die Art von eigenständiger und unabhängiger Existenz, an die wir glauben und die uns so große Angst macht. Wir müssen nicht irgendwo anders nach Freiheit davon suchen, sondern können hier und jetzt die Freude und das Glück der Befreiung erfahren. Befreiung ist das Loslassen aller Vorstellungen und Ideen über Körper, Geist und unsere Wahrnehmungen und ist überall und immer schon da.

Wir fühlen uns gefangen,
hegen Zweifel,
sind mißtrauisch.
Aber wenn wir
unsere Zweifel,
unser Mißtrauen
und vor allem
unsere Vorstellung
von Befreiung
loslassen können,
werden wir sofort
glücklich sein.

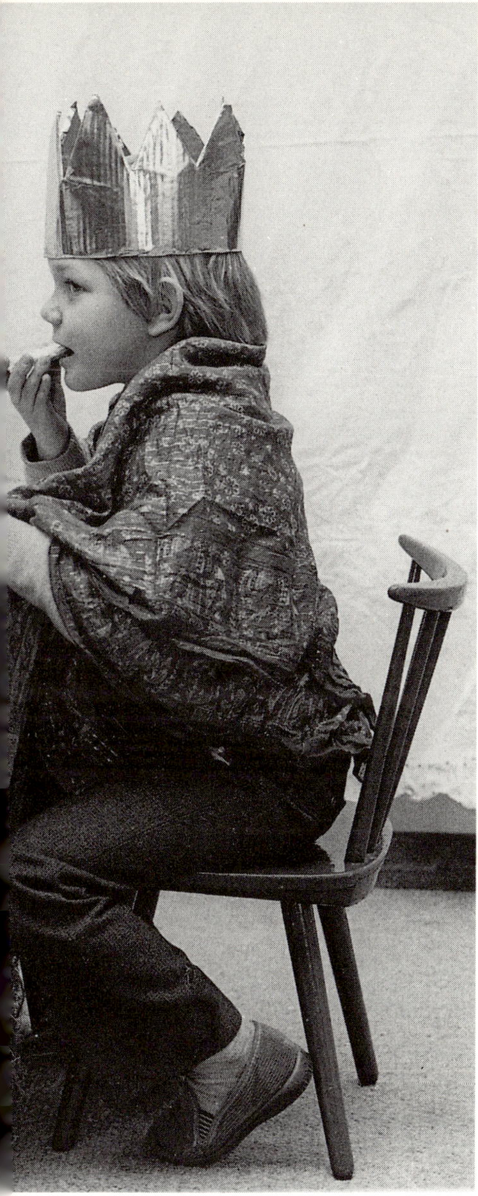

Denkst Du, Du
kannst nur glück-
lich sein,
wenn Du diese
Prüfung bestehst,
diesen Preis
gewinnst
oder diese Person
heiratest?

Nimm Deine Vor-
stellung von Glück,
umarme sie und
sieh tief in sie
hinein.
Du weißt dann:
Wenn Du sie los-
lassen kannst,
wirst Du glücklich
sein.

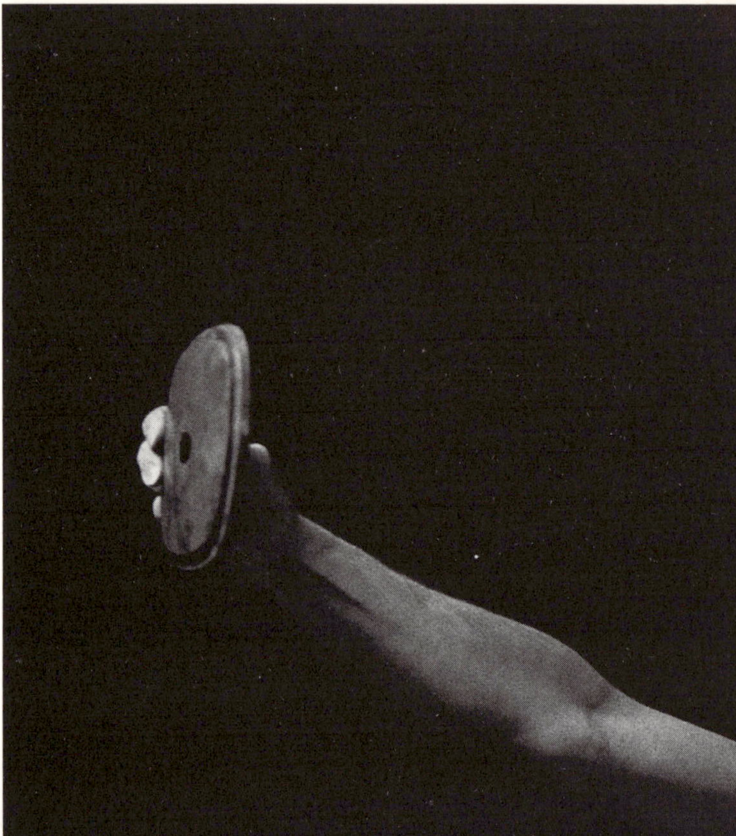

Wir haben zum Beispiel die Vorstellung,
daß wir
dieser Körper
sind.

Können wir diese Vorstellung aufgeben,
dann brauchen wir
keine Angst mehr zu haben.

Hier ist ein Blatt.
Ich glaube nicht, daß das Blatt sich fürchtet,
wenn es die Form seines Gerippes sieht.
Wir haben auch eines,
wie dieses Blatt hier,
und auch dieses kann sehr schön sein.

Warum fürchten wir uns,
wenn wir ein menschliches Skelett sehen?

Du hast bereits jetzt eines in Dir.
Warum erschrickst Du
vor einem außerhalb von Dir?

Unsere Praxis ist es,
unser eigenes Gerippe zu betrachten,
das gegenwärtige wie das zukünftige,
auf die gleiche Weise,
wie wir diese Baumgerippe betrachten.

Es ist genauso schön wie diese,
und es gibt keinerlei Grund,
zu erschrecken oder sich zu fürchten.

Nachwort

So wie die Energie der Achtsamkeit das Wesen eines Buddha ausmacht, so sind die Samatha- und Vipasyana-Meditationen das Herz der buddhistischen Praxis.

Diese zwei Grundtypen der Meditation werden in den Theravada-, Zen- (Chán, Tien) und Vajrayana- (Mantrayana) Traditionen angewandt. Die Methoden werden in den verschiedenen Schulen in unterschiedlicher Weise kombiniert, vermittelt und praktiziert.

Samatha heißt Streben nach geistiger Ruhe. Es meint die Bemühung, den Geist zu zügeln, ihn geschmeidig zu machen, Konzentration zu entwickeln. Konkret ist damit gemeint, durch stilles Verweilen und Innehalten völlige Sammlung und Frieden zu verwirklichen. Samatha bedeutet auch „Bewußtheit des Objektes beibehalten".

Vipasyana meint das Erlangen von tiefer Einsicht und von Klarblick in die Natur unseres Wesens und der Mitwelt. Man könnte das, was Vipasyana bedeutet auch so übersetzen: „tief in das Objekt eindringen, um es zu betrachten". Dies bewirkt tiefstes Verstehen, also höchste Weisheit (prajna), das zusammen mit einem umfassenden Mitgefühl für alle Wesen (karuna) entscheidende Merkmal eines vollkommen erwachten, – also von Gier, Haß und Unwissenheit befreiten Menschen.

Buddha Shakyamuni hat den Menschen zwei kostbare Belehrungen angeboten, die auch heute, nach über 2500 Jahren, nichts von ihrer Klarheit und immensen spirituellen Kraft eingebüßt haben. Sie ermöglichen es, daß durch eigenes Bemühen in uns Heilung und Veränderung geschehen kann.

Es sind dies das Anapanasati-Sutta (sanskrit: Sutra) und das Satipatthana-Sutta (sanskrit: smrtyupasthana-sutra): Die Lehrreden des bewußten Atmens und der vier Grundlagen oder Verankerungen der Achtsamkeit.

Diese zwei Lehrreden sind miteinander verwoben. Aus diesem Grund sind sie auch vollkommen vereinbar. Sie enthalten 16 (Anapanasati) bzw. 20 (Satipathana) Übungsmethoden und stehen im Mittelpunkt der Meditationspraxis, wie sie von Thich Nhat Hanh und allen Lehrern seiner Übertragungslehre angeboten wird. In seinen Büchern „Das Sutra des bewußten Atmens" und „Umarme Deine Wut", hat Thich Nhat Hanh diese meditativen Wege ausführlich dargestellt und die Methoden jener beiden Sutren in verschiedenen Lehrreden und Betrachtungen immer wieder neu beleuchtet und erläutert. Für das vorliegende Buch hat Monika Lamberts-Hengster, die Chefredakteurin der Zeitschrift *„Intersein"*, die für Freunde und Gemeinschaften von Thich Nhat Hanh herausgegeben wird, aus einer Reihe seiner Vorträge in sehr einfühlsamer und überzeugender Weise Texte ausgewählt, die auf praktische Anwendung und Übung im Alltag ausgerichtet sind. Der Geist Thich Nhat Hanhs prägt diese Übertragung, und sein Anliegen ist ausgezeichnet getroffen: nämlich diese Meditationsanweisungen „hier und heute" nachvollziehen zu können. Thich Nhat Hanhs Worte können uns durch diese Meditationen unmittelbar und eindringlich erreichen – wenn wir uns ihnen öffnen.

Die Texte sind durch ihre Verbindung mit einer treffenden Auswahl eindrucksvoller Bilder der Fotografin Ursula Zeidler-Dumanski gut zur kontemplativen Betrachtung geeignet. Durch ihre Klarheit und Dichte sind sie zudem sehr hilfreich für die konkrete Meditationspraxis. Beide, Bilder und Texte, berühren heilsam unser Speicherbewußtsein. Sie bewirken, daß daraus Freude und Frieden erwachsen können.

Behutsam führt uns der Inhalt des Buches zur Verankerung der Achtsamkeit auf den Körper im Körper, den Gefühlen in den Gefühlen, und dem Erkennen der Zustände unseres Geistes und der Geistesformationen (diese schließen jene fünf Seinszustände, aus denen eine Person besteht, ein. Es sind: Körperlichkeit, Gefühle und Empfindungen, Wahrnehmungen, Willenstendenzen und Bewußtsein).

Wenn wir diesen Weg der Praxis mit Heiterkeit, einem „inneren" Lächeln und einer liebevollen, sowie achtsamen Haltung, geduldig und unbeirrt gehen, wird es – mit den Worten Thich Nhat Hanh ausgedrückt – „der wunderbarste Pfad, der uns hilft, Läuterung und Training des Geistes zu erreichen, Kummer und Trauer zu überwinden, Ängste und Schmerz zu zerstreuen und Nirvana zu erlangen".

Amoghavajra Karl Schmied
– Dharmacarya des Ordens Intersein –

Weitere aktuelle oder dieses Thema vertiefende Bücher von Thich Nhat Hanh:

Grundsätze der buddhistischen Lehre:

Das Herz von Buddhas Lehre
Leiden verwandeln – die Praxis des glücklichen Lebens
ISBN 3-451-26739-X
Herder/Spektrum

Meditationen in Bildern und Gedichten:

Schritte der Achtsamkeit
Eine Reise an den Ursprung des Buddhismus
Herausgegeben von Thomas Lüchinger
ISBN 3-451-04720-9
Herder/Spektrum Band 4720

Nenne mich bei meinen wahren Namen
Meditative Texte und Gedichte
ISBN 3-451-04579-6
Herder/Spektrum Band 4579

Zu den beiden hier verwendeten Lehrreden:

Das Sutra des bewußten Atmens
Kommentare zu dem Anapanasati-Sutra
ISBN 3-89620-030-5
Theseus-Verlag

Umarme Deine Wut
Sutra der Vier Verankerungen der Achtsamkeit
ISBN 3-89620-110-7
Theseus-Verlag

Anschriften

Spirituelles Zentrum von Thich Nhât Hanh
Plum Village
New Hamlet
13 Martineau
F-33580 Dieulivol
Tel.: 00 33 5 56 61 66 88
Fax: 00 33 5 56 61 61 51

Nähere Informationen für Deutschland
Gemeinschaft für achtsames Leben, Bayern e.V.
Karl Schmied
Postfach 60
83730 Fischbachau
Tel.: 0 80 28–92 81
Fax: 0 80 28–21 20

Nähere Informationen und Seminarangebote
für die Schweiz
Meditationszentrum Haus Tao
Marcel und Beatrice Geisser
CH-9427 Wolfhalden
Tel.: 00 41 7 18 88 35 39
Fax: 00 41 7 18 80 05 38

Seminarangebot für Deutschland
InterSein Zentrum für Leben und Achtsamkeit
– Haus Maitreya –
Unterkasthof 21/3
94545 Hohenau
Tel.: 0 85 58–92 02 52

Thich Nhat Hanh bei Herder/Spektrum

Das Herz von Buddhas Lehre
Leiden verwandeln – die Praxis des glücklichen Lebens
288 Seiten, gebunden
ISBN 3-451-26739-X
Eine Anleitung zur Kunst des guten Lebens und die Quintessenz lebenslanger Praxis.

Schritte der Achtsamkeit
Eine Reise an den Ursprung des Buddhismus
Band 4720
Schritt für Schritt, Atemzug für Atemzug die Kunst des Bei-sich-selber-Ankommens. Das Buch zum Film. Mit eindrucksvollen s/w-Fotos.

Nenne mich bei meinen wahren Namen
Meditative Texte und Gedichte
Band 4579
Das Zeugnis eines großen Herzens, ein Dokument tiefer Weisheit.

Schlüssel zum Zen
Der Weg zu einem achtsamen Leben
Band 4570
Ein Meister erschließt die alte Tradition von Bewußtheit und Achtsamkeit, um sie im Alltag zu verwirklichen.

Zeiten der Achtsamkeit
Band 4492
In der Übung der Achtsamkeit liegt der Weg zum Wesentlichen. Die schönsten Texte des bedeutenden Meditationsmeisters.

Lächle deinem eigenen Herzen zu
Wege zu einem achtsamen Leben
Band 4370
Die einfache, tiefe Botschaft an Menschen, die in der Hektik des Alltags beim Gehen schon ans Rennen denken.